AF314418

SÉBASTIEN FAURE

LA QUESTION SOCIALE

(Position de la Question)

PRIX : **10** CENTIMES

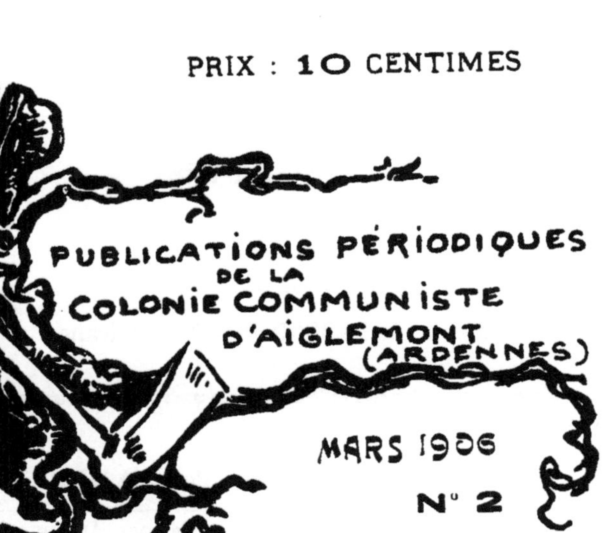

EN VENTE

A la Colonie d'AIGLEMONT (Ardennes)
Au " Libertaire ", 15, rue d'Orsel, PARIS- 18ᵉ

L'A. B. C. du Libertaire, Jules Lermina	0 10
Communisme Expérimental Fortuné Henry .	0 10
La Question sociale Sébastien Faure	0 10
par la poste	0 15
le 100. franco	7 »»
les 50. franco	3 80
les 25. franco	2 25
Militarisme Docteur Henri Fischer............	0 15
Justice — —	0 15
Le Rôle de la Femme —	0 15
par la poste	0 20
Cartes postales illustrées de la Colonie d'Aiglemont	
1ʳᵉ série de 6 cartes	0 30
par la poste	0 40
Cartes postales illustrées de la Colonie d'Aiglemont	
2ᵐᵉ série de 6 cartes	0 30
par la poste	0 40

POUR PARAITRE

en Avril :
La Colonie d'Aiglemont André Mounier.

Prix annuel de l'ABONNEMENT : **2** francs.

Adresser Lettres. Communications, Demandes de Renseignements a la Colonie l'ESSAI. à Aiglemont Ardennes.

Le Gérant : **Fortuné HENRY.**

Imprimerie spéciale de la Colonie d'Aiglemont (Ardennes)

Fin d'une série de documents
en couleur

Au Lecteur,

La série de brochures que nous publions avec l'aide de camarades trouvant tout naturel d'exprimer ce qui leur semble juste et vrai est un complément à l'œuvre que nous avons commencée à Aiglemont.

Nous estimons que la diffusion des principes libertaires, que le libre examen et la juste critique de ce qui est autour de nous ne peuvent que favoriser le développement intégral de ceux qui nous liront.

Montrer combien l'autorité est irrationnelle et immorale, la combattre sous toutes ses formes, lutter contre les préjugés, faire penser. Permettre aux hommes de s'affranchir d'eux-mêmes d'abord, des autres ensuite ; faire que ceux qui s'ignorent naissent à nouveau, préparer pour tous ce qui est déjà possible pour les quelques-uns que nous sommes, une société harmonieuse d'hommes conscients, prélude d'un monde de liberté et d'amour.

Voilà notre œuvre ; elle sera l'œuvre de tous si tous veulent, animés de l'esprit de vérité et de justice, marcher à la conquête d'un meilleur devenir.

LA GERMINALE D'AIGLEMONT.

BULLETIN D'ABONNEMENT (à remplir, à détacher)

et à adresser à la COLONIE LIBERTAIRE D'AIGLEMONT (Ardennes)

Je soussigné déclare m'abonner pour un an à la publication de **Philosophie Libertaire de la Colonie communiste d'Aiglemont** *(cette publication comporte une brochure de 32 pages tous les mois).*

Le montant de l'abonnement est de DEUX FRANCS que je vous envoie ci-inclus en un Mandat posté ou en un Bon de poste.

M. .... le 19

(Signature)

rue ....

à ....

....

LA QUESTION SOCIALE [1]

I. — Diverses façons de la poser.

Il y a quelque quinze ans, un tribun, fameux par la rapidité foudroyante de son extraordinaire fortune politique, osait dire : « *Il n'y a pas de question sociale* », et cette parole trouvait de l'écho dans presque tous les rangs de la société.

Les temps sont bien changés ! De nos jours, il n'est pas un personnage politique, pas un ministre, pas un homme d'Etat qui ne se croie tenu de parler peu ou prou de cette importante question. Il convient de dire que tous ces « *honorables* » se bornent à affirmer que le gouvernement et les Chambres rivalisent de zèle en vue d'arriver à la solution la plus prompte et la meilleure des problèmes complexes qu'elle soulève et qu'ils se gardent bien de sortir de cette formule vague, aussi bien faite pour dissiper les craintes des uns que pour entretenir les espérances des autres.

Il n'empêche que l'existence d'une « question sociale » s'est, depuis peu, si impérieusement affirmée, que nul n'aurait l'audace de la nier aujourd'hui. Inutile d'insister.

Il convient toutefois de se demander d'abord en quoi consiste cette question, et, laissant de côté toute phraséologie imprécise, d'établir nettement sa position.

---

(1) Notre ami Sébastien Faure, très absorbé par sa tournée de conférences et son œuvre de *La Ruche* à Rambouillet, s'est trouvé dans l'impossibilité de nous donner en temps sa brochure sur l'*Enseignement*.

Nous donnons aujourd'hui un chapitre de la *Douleur universelle* (Stock, éditeur, Paris), qui met magistralement en place ce sujet de tant de controverses : *La Question sociale*.

Les Éditeurs.

Tout le monde sait qu'une foule de discussions
seraient évitées ou abrégées si l'on avait soin, au
préalable, de se mettre d'accord sur la signification
des mots, sur les termes du litige. Sur ce point —
une fois n'est pas coutume — je pense comme « *tout
le monde* ».

Donc, il y a une question sociale :

En quoi consiste-t-elle ? Quel est le problème
qu'elle soulève et doit élucider ?

Il est de toute nécessité d'en préciser catégori-
quement les termes, si l'on veut éviter toute logo-
machie.

.*.

S'agit-il d'améliorer le sort des classes laborieuses ? d'établir ou de rétablir la bonne intelligence
entre patrons et ouvriers ? d'instaurer un équitable
« modus vivendi » entre le Capital et le Travail ?
d'assurer au prolétaire le droit au travail quand il
est valide, le droit à l'assistance lorsqu'il est vieux,
malade ou infirme ? d'empêcher qu'on meure de
faim ou qu'on cherche dans le suicide un refuge
contre la misère ? d'appeler le producteur à partici-
per aux bénéfices de l'entreprise à laquelle il est
attaché ? de répandre l'instruction à tous les de-
grés avec tant de largesse, que la « libre concurrence » mette en présence des adversaires munis,
sous ce rapport du moins, d'armes égales ? d'ouvrir
réellement l'accès de toutes les carrières à tous les
citoyens et même au sexe dont la faiblesse fait parfois la force ?

S'agit-il de fournir à chaque individu, par une
sorte de crédit populaire, les moyens de se sous-
traire aux exigences draconniennes du capitaliste ?
de mettre à la disposition des syndicats agricoles

et industriels, ruraux et urbains, les ressources et l'outillage qui lui permettront de se passer du patron et du propriétaire ?

Ou bien encore, le suffrage universel étant devenu la clef de voûte de la société, s'agit-il d'en assurer le libre exercice, tant et si bien que la vie politique et économique devienne véritablement l'expression des besoins, des aspirations, des tendances du peuple tout entier et réalise pratiquement ces tendances, ces aspirations, ces besoins?...

Au cours de cet ouvrage, et en examinant en détail ces diverses façons de *poser la question* et de la résoudre, j'aurai l'occasion de démontrer ce que valent ces plans de réforme.

Au point où nous en sommes, il me suffira de dire que, tous, outre qu'ils rapetissent singulièrement la question, ont, à mes yeux, le tort impardonnable de consacrer implicitement les bases de l'organisation sociale moderne, de les placer en dehors de toute discussion, et d'écarter, par une sorte de *question préalable*, toute controverse sur ce point.

Parler de « classes laborieuses », c'est laisser entendre qu'il doit en subsister d'autres, lesquelles ne sont pas « *laborieuses* ». Les mots « patrons » et « ouvriers », « capitalistes » et « prolétaires » impliquent logiquement le concept d'une société divisée en ceux-ci et ceux-là. Les expressions « libre concurrence », « crédit », « carrières », « suffrage universel », comportent nécessairement l'antagonisme des intérêts, le facteur « propriété individuelle », l'idée d'une position sociale plus ou moins lucrative, libérale ou élevée, du système parlementaire.

Il faut en convenir, procéder de la sorte, c'est refuser par avance d'aller au-delà des limites étroites tracées par l'organisation moderne, c'est emprisonner la question sociale dans ce cadre mesquin, c'est se condamner à évoluer au sein d'un nombre restreint d'idées *a-prioriques* ; c'est borner l'h..rizon ; c'est s'interdire l'exploration des espaces « *audelà* » ; pour tout dire, c'est procéder de façon irrationnelle et anti-scientifique.

Mais il en est qui ont la vue moins courte et ne craignent pas de soumettre à l'examen les bases mêmes de l'organisme social. Pour ces derniers, *assurer à chacun le développement intégral de ses facultés, le produit entier de son travail,* — et, pour cela, exproprier, avec ou sans indemnité, la classe possédante et remettre aux soins des organisations corporatives tous les instruments de production : sol, sous-sol, outillage, immeubles, etc., avec mission pour celles-ci, de distribuer le travail à ses membres et de répartir la valeur des produits obtenus, au *prorata* du nombre d'heures de travail exécutées par chacun : convertir en services publics toutes les manifestations *collectives* de la vie sociale ; enfin rendre électives toutes les fonctions, depuis les plus modestes jusqu'aux plus élevées — *le tout sous le contrôle, la surveillance, la direction de l'Etat, IVe du nom :* bref, *fonder l'égalité économique* — c'est solutionner la question sociale.

Je me livrerai plus loin à une étude aussi impartiale et aussi approfondie que possible du socialisme étatiste, et de ses divers courants ; pour le moment, je dois me borner à repousser, pour les mêmes motifs que précédemment, cette *façon de poser la question.*

Sans doute, en mettant en jeu la forme de la propriété, les « étatistes » évitent une partie des cer-

cles vicieux dans lesquels sont condamnés à tcur-
ner ceux dont j'ai donné tout d'abord la méthode
inadmissible : mais parce que les iniquités écono-
miques sont les plus tangibles et les besoins purement physiques les premiers à satisfaire. ils cnt
eu le tort grave de faire de la question sociale une
question purement économique et de ne voir en
l'homme qu'un appareil digestif.

Réduire la question sociale à une simple affaire
de ventre. comme on l'a fait en Allemagne, c'est la
rétrécir considérablement. Là encore, c'est élever
des murs au-delà desquels l'œil ne pourra librement scruter les régions infinies : une fois de plus
c'est irrationnel et anti-scientifique.

« L'iniquité économique, dit le savant auteur du
« *Socialisme intégral* (1). est la plus criante ; mais
« elle n'est pas la seule iniquité à combattre. Or,
« le socialisme doit attaquer tous les maux sociaux
« et moraux et mettre fin. non seulement à l'exploi-
« tation de l'homme par l'homme, à toutes les op-
« pressions et iniquités religieuses, familiales et
« politiques. mais encore à tous les égoïsmes, tou-
« tes les duretés nuisibles, par suite, à toutes les
« souffrances évitables. »

La question sociale n'est pas seulement une question politique. comme le prétendent les hommes
d'Etat, elle n'est pas seulement une question économique ainsi que l'affirment certaines écoles so-
cialistes . elle n'est pas seulement une question morale. comme ne cessent de le répéter les prêtres et
certains spécialistes de la psychologie : elle est à
la fois politique. économique et morale, parce
qu'elle embrasse l'homme tout entier ; touche aux

---

(1) Benoît Malon. *Précis du Socialisme.* page 119.

rapports de toute nature qui le mettent en contact avec ses semblables, et comprend ses besoins moraux aussi bien que les intellectuels et au même titre que les physiques ; parce que, comme le dit Guillaume de Greef dans « *Introduction à la sociologie* » : « la science sociale a pour objet l'étude « des phénomènes de *toute nature* qui concernent « l'organisme individuel et le superorganisme so- « cial. »

Incontestablement, tous ceux qui ont étudié la question ont reconnu que le problème consistait à diminuer la somme des souffrances humaines et à augmenter le total des satisfactions.

Sur ce point, pas de divergence possible ; mais, tandis que les uns, négligeant de rechercher si le bonheur universel est compatible avec la structure sociale existante, le plus souvent même se refusant de parti-pris à l'examen de cette question préjudicielle, ont, cette structure admise comme immuable, étudié le moyen de sécher quelques larmes, au lieu de s'efforcer à tarir la source des pleurs ; les autres, frappés d'un accroissement de paupérisme ici, correspondant à une accumulation de richesses là ; en face des effets terribles d'une concurrence meurtrière, appelés à constater que plus se développent le nombre, la puissance, le perfectionnement de l'ouvrier en fer et en fonte, plus s'intensifie la détresse de l'ouvrier en chair et en os, enregistrant scrupuleusement le *processus* capitaliste qui aboutit à une formidable concentration, mis en présence d'une élimination graduelle et fatale de la classe bourgeoise rejetée dans la prolétarienne, sous l'inspiration enfin d'un livre magistral, « *le Capital* », de Marx, interprété par des écrivains de talent et de puissants orateurs, ont adopté ce qu'ils

appellent les « données du fatalisme économique »
et se sont jetés dans une lutte ardente mais *exclu-
sive* contre la propriété capitaliste.

Les premiers ont fermé les yeux : aussi n'ont-ils
rien vu : les seconds les ont ouverts ; ils ont bien
aperçu quelque chose, mais fascinés par le spectacle qui se présentait au premier plan, ils n'ont
pas tout distingué.

L'étude de la question demande une largeur d'i-
dées, une tendance synthétique, une indépendance
et une impartialité que rendent radicalement im-
posibles et l'aveuglement volontaire ou inconscient
des uns et l'esprit de classe ou d'école des autres.

II. — Le Problème à résoudre.

*Instaurer un milieu social qui assure à chaque
individu, toute la somme de bonheur adéquate, à
toute époque, au développement progressif de l'humanité.*

Voilà le problème à résoudre. Quel devra être ce
milieu? Quel sera son degré de plasticité ? A quelle
organisation donnera-t-il naissance ? De quels évé-
nements sortira-t-il ?

Toutes ces questions seront examinées et réso-
lues dans l'ordre qui leur convient.

Il suffit, présentement, qu'il soit bien entendu
que : la science sociale a pour but la recherche
du bonheur de *tous* les êtres humains, sans excep-
tion aucune ; que la condition indispensable à l'ob-
tention de ce but, c'est l'instauration d'un milieu
social favorable.

Mais comme on pourrait objecter que les termes
du problème manquent de clarté ou de précision,
je vais, sans plus tarder, les définir, les expliquer

en les commentant, pour ainsi dire, *un par un*, et en indiquant pourquoi je les ai préférés à tous autres.

*
* *

Instaurer. — Tout, dans la nature, évolue sans cesse, rien n'est fixe ; l'individu, comme le reste, se transforme perpétuellement : il ne demeure pas un instant identique à lui-même ; son *aujourd'hui* est fait nécessairement de tous ses *hiers* et contient à l'état potentiel tous ses *demains*. L'agrégat humain n'est donc qu'une forme passagère de l'éternelle matière, et cet agrégat lui-même subit chaque jour, à toute seconde, les modifications les plus diverses.

Or, dit Spencer (*L'individu contre l'Etat*) : « La « nature des agrégats est nécessairement fixée par « la nature des unités composantes. »

D'où il résulte que pour être moins visibles, les incessantes modifications de l'agrégat collectif n'en sont pas moins tout aussi réelles que les modifications des individuels. Composé d'éléments constamment mouvementés, le corps social se transforme sans aucun repos. Son *présent* est fait de tous les matériaux de son *passé* et contient en germe toutes les évolutions *futures*.

La nature ne procède pas par bonds, mais chaque phénomène est amené par un travail lent, graduel, imperceptible souvent, parfois mystérieux. L'évolution sociale ne saurait procéder différemment.

« Chaque individu, chaque peuple, chaque science « et l'humanité même, passent par toutes les pha- « ses », dit A. Comte ; et ailleurs : « La Sociologie « est la recherche des lois de la société dans les « phénomènes sociaux eux-mêmes. »

« Les idées qui caractérisent une seule période
« naissent des idées des périodes précédentes, se
« développent et grandissent insensiblement aux
« dépens de ces idées et puis, à leur tour, décrois-
« sent insensiblement après avoir donné naissance
« aux idées de la période suivante. » (1)

Quelqu'un a prétendu que les idées gouvernent
le monde. Je ne saurais admettre cette opinion,
bien qu'elle contienne une part notable de vérité ;
mais si les idées ne gouvernent pas le monde, elles
n'en font pas moins partie intégrante : elles ne
peuvent en être séparées : il existe, de fait, entre
une phase historique quelconque et les idées qui
germent, se développent et dépérissent parallèlement à cette phase, un indéniable rapport d'actions et de réactions incessantes.

Les paroles de Comte qui précèdent s'appliquent
donc bien à la pensée que j'exprime.

« La vie sociale, dit G. de Greef, c'est-à-dire la
« correspondance toujours complète et parfaite de
« ses organes et de ses fonctions à des conditions
« de plus en plus nombreuses et particulières, est
« un éternel *devenir ;* en cela, elle ne fait que se
« conformer aux lois universelles de la matière et
« de la force. » (2)

Et encore : « La société est un organisme dont
« l'équilibre, toujours instable, comporte des or-
« ganes et des fonctions qui la rattachent au passé
« et d'autres qui la relieront à l'avenir. » (3)

Etrangeté remarquable de l'optique humaine !
Deux phénomènes qui, rapprochés, font naître tout

---

(1) Comte. *Introduction à la Métaphysique.* page 156.
(2) G. de Greef. *Introduction à la Sociologie.* t. I, p. 157.
(3) G. de Greef. *Introduction à la Sociologie.* t. I. p. 169.

d'abord dans l'intellect une sorte de contradiction par leur allure antithétique, voilent à nos yeux l'indissoluble enchaînement des faits qui relie toutes les pages de l'histoire humaine : c'est l'immensité du chemin parcouru, comparé à la lenteur de l'évolution sociale.

Si brève est la vie de chacun de nous, et si faible est notre vue, que nous n'apercevons pas les éléments innombrables qui se meuvent autour de nous, tuant ceci et donnant naissance à cela. Nous croyons avoir sous les yeux le spectacle de l'immobilité. C'est une sensation inconsidérée de la stagnation sociale ou tout au moins de la lenteur évolutionnelle qui, par un effet en quelque sorte réflexe, contribue à cette lenteur même.

« *Cela ne changera jamais ; en tous cas, si ça change, nous ne le verrons pas.* » Voilà ce que disent une foule de gens. Et les déshérités se résignent, prennent leur mal en patience, acceptent ce qu'ils regardent comme une sorte de fatalité : « *Il n'y a rien à faire !* » et les privilégiés se rassurent, s'aveuglent et se cuirassent d'indifférence : « *Après nous le déluge !* »

Et pourtant, quelle incalculable série de transformations, depuis les ébauches grossières des premières agglomérations humaines jusqu'à l'organisation si complexe, si merveilleusement agencée des sociétés modernes !

L'esprit reste stupéfait et les yeux éblouis devant le spectacle grandiose d'un développement aussi admirable.

Un des hommes qui, à notre époque, ont le plus contribué à la vulgarisation de l'idée matérialiste, L. Büchner, s'exprime ainsi :

« Il viendra un temps où la distance entre le

« point de départ et le point d'arrivée s'élargira
« tellement que les savants de l'avenir eux-mêmes
« se refuseraient à admettre la possibilité d'un lien
« entre eux, si les écrits et les vestiges du passé
« ne leur fournissaient les matériaux nécessaires
« pour les guider dans leur jugement. » (1)

Il m'a paru nécessaire d'insister sur les considérations qui m'ont amené à me servir de l'expression « *instaurer* » de préférence à celle de *créer*, par exemple, et ce, non seulement parce que le terme est infiniment plus exact, mais encore et surtout parce que je me propose d'indiquer les phénomènes qui poussent triomphalement les présentes générations vers cette instauration et les moyens qu'il convient d'employer pour hâter celle-ci (2).

.˙.

Un milieu social. — Ces mots demandent à peine une explication, tellement ils sont clairs par euxmêmes.

Le milieu social est comme la synthèse des innombrables rapports des individus, des sexes, des groupes entre eux. Il est la résultante de toute les organisations, institutions et coutumes. C'est une sorte d'être impersonnel — comme la société ellemême — constitué par les relations de toute nature : physiques, intellectuelles, morales, qu'engendre la pratique de la sociabilité.

---

(1) *Lumière et Vie*, page 326.

(2) On verra par là qu'il ne faut pas confondre cette étude avec *les « utopies »* construites le plus souvent par des hommes qui *pressentaient* remarquablement l'avenir, mais ne tenaient aucun compte, dans leurs conceptions respectables, des matériaux à leur disposition. .

S'il est une théorie aujourd'hui hors de conteste et splendidement mise en lumière par les naturalistes, c'est assurément celle de « *l'adaptation de l'être au milieu* ».

Il est constant que dans le monde physique, le milieu exerce sur tout et sur tous une influence décisive : qui oserait prétendre que dans le monde psychique, il n'en est pas ainsi ?

D'aucuns affirment que si le milieu social agit sur l'individu, celui-ci est capable de réagir. Cette opinion est juste dans une certaine mesure. Soutenir le contraire, ce serait reconnaître à la fois, d'une façon implicite, que le milieu social est en quelque sorte indépendant des personnalités qui le composent, ce qui serait une absurdité, et que, l'individu ne pouvant rien sur le milieu, tout effort étant vain, il n'a qu'à se croiser les bras.

Nulle doctrine ne serait plus dangereuse, et il convient de la combattre avec la dernière énergie, non point tant parce qu'elle est dangereuse que parce qu'elle est contraire à la vérité, à l'observation.

Mais il n'en est pas moins vrai que, tout comme la faune et la flore empruntent à l'ambiance cosmique les éléments de leur vie, et qu'un observateur attentif et clairvoyant pourrait, en examinant un animal ou une plante, en déterminer les conditions d'époque, de climat, d'atmosphère et de topographie, de même l'individu emprunte à la structure sociale ses idées, ses sentiments, ses aspirations, ses coutumes.

On comprend par là de quelle importance est ce milieu social dont il est question d'amener l'établissement, puisqu'il devra pour ainsi dire poser sa griffe sur toutes les manifestations de la vie sociale et privée ; puisque tant vaut le milieu, tant vaut l'homme ; puisque l'un est l'arbre et l'autre le fruit; puisqu'enfin il serait aussi illogique de songer à transformer l'individu sans toucher au milieu qu'il est rationnel de prévoir avec certitude, sans qu'il soit besoin d'être prophète, que. modifié par le milieu, modifiés aussi seront les hommes.

.˙.

Qui assure à chaque individu. — Les formes sociales qui se sont succédées jusqu'à ce jour. ont eu pour invariable conséquence, en hiérarchisant les fonctions et les êtres. d'assurer tous les avantages à un nombre plus ou moins restreint de ceux-ci, au détriment de tous les autres.

Or, il convient de chercher à renverser l'ordre des facteurs dans le but de favoriser *le plus grand nombre ?* La question sociale s'applique-t-elle à quelques-uns. à la majorité ou à l'*universalité* des êtres humains ?

Il suffit de poser la question : chacun peut répondre.

J'aurais pu, à la place de ces trois mots : « *à chaque individu* », écrire ceux-ci : « *au peuple* » ; ou encore ceux-là : *à l'humanité ;* ou même ces derniers : *à tous.* Mais je me méfie de ces expressions par trop générales et qui caractérisent des entités. L'expérience m'a enseigné qu'elles cachent presque toujours un piège, qu'elles en sont tout au moins capables.

Pauvre « peuple », pauvre « humanité », pauvre « tout le monde », a-t-on assez usé et abusé de vous, pour mieux dissimuler les honteuses combinaisons des gouvernements et des classes !

Il existe d'ores et déjà une foule de fictions qui,

par un jeu de glaces savamment disposées, donne
l'illusion de la réalité : telle, par exemple, l'égalité
de tous devant la loi. Il suffit de passer derrière les
glaces pour découvrir le « *truc* ».

L'expression « *à chaque individu* » a l'avantage
de couper court à toute interprétation ambiguë et
de bien établir que le problème social n'a pas seulement pour but cette formule tant soit peu vague : « *le bonheur commun* », mais celle-ci, bien
autrement significative et exacte : « *le bonheur de
chaque individu.* »

Oui, que pas un enfant, pas un adulte, pas un
vieillard, pas un homme, pas une femme, pas un
invalide, pas un être humain, pas un seul ne
puisse être frustré de la plus minime part de jouissances que comporte le droit à l'existence dans son
intégralité. Tel est le problème que scrute et doit
résoudre le penseur tourmenté par la question sociale.

Pas un, ai-je dit, parce qu'il suffirait que le droit
d'un seul fût méconnu pour que le droit de tous fût
menacé : parce qu'il existe, quoi qu'en pensent certains, une telle solidarité entre toutes les parties
du corps social, que si un organe, un seul, ne re-
çoit pas sa part de vie, le mal gagne de proche en
proche et l'organisme tout entier, lentement, s'en
ressent, s'affaisse et dépérit.

Résolu pour tous excepté pour un seul, le problème social se réfugierait en ce dernier, lequel,
protestation vivante, se dresserait contre tous les
autres, et sa voix, ne tardant pas à être entendue,
s'élèverait discordante au sein de l'harmonieux
concert que doit former une société vraiment heureuse.

Il faut que cela soit évité, et j'ajoute qu'il faut

que cela ne puisse pas se produire, car si l'axiome
de l'école est vrai : *ab actu ad posse valet conse-*
cutio, du fait à la possibilité la conséquence est
bonne, on peut hardiment avancer que de la possibilité au fait, la conséquence n'est pas moins
bonne, et l'on peut être certain qu'il suffirait que
la chose fût possible pour qu'elle se réalisât.

Aussi, n'ai-je pas employé à la légère le mot *as-*
surer, et c'est pour être ainsi compris que j'en ai
fait usage.

Toute la somme de bonheur. — C'est toujours le
spectacle des infortunes plus ou moins imméri-
tées, des misères plus ou moins injustifiées qui a
incité les philosophes, les penseurs et les moralistes à rechercher les causes de ces souffrances pour
en combattre les effets.

Abaisser le taux des douleurs sociales, atténuer
les inégalités choquantes, améliorer les conditions
de la vie, en d'autres termes, rechercher le bonheur universel, tel a été, de tout temps, le but de
tous les plans, de tous les systèmes de rénovation
sociale.

Sur ce point, tous ceux qui se sont occupés de la
question se montrent unanimes. Je pourrais en ci-
ter des centaines, je me bornerai à quelques-uns.

Je laisse de côté tous les auteurs anciens, pour
faire aux modernes une place plus grande dans
ces citations que je ne veux pas multiplier afin de
ne pas fatiguer le lecteur :

« Le but de la société est le bien de ses mem-
« bres. »   GROTIUS.

« La société est tenue de rendre la vie commode
« à tous. »   BOSSUET.

« Mably (1) considère la communauté des biens
« comme le seul ordre conforme au vrai but de la
« société, *qui est le bonheur durable de tous ses*
« *membres*. Selon lui, tous les maux qui affligent
« la société humaine étant des effets de l'avarice
« et de l'ambition, la politique se réduit à l'art de
« comprimer efficacement ses passions ; l'avarice
« ne peut être étouffée que par la communauté
« des biens. »   VILLEGARDELLE (2).

« Quel est l'objet de la science de la morale ? Ce
« ne peut être que le bonheur général. Si l'on
« exige des vertus dans les particuliers, c'est que
« les vertus des membres font la félicité du tout. »
                                                 HELVÉTIUS (3).

« Rechercher le bonheur en faisant le bien, en
« s'exerçant à la connaissance du vrai, en ayant
« toujours devant les yeux qu'il n'y a qu'une seule
« vertu : la justice, un seul devoir : se rendre heu-
« reux. »   DIDEROT.

« Le but de la société est le bonheur commun. »
Déclaration des Droits de l'Homme, art. 1er.
« Le but de la révolution est de détruire l'inéga-
« lité et d'établir le bonheur commun. »

                        Conspiration Babouviste (4).

____

(1) Mably est le frère de Condillac.
(2) *Histoire des idées sociales.*
(3) *De l'homme.* Son éducation. Sect. I, chapitre 12.
(4) *Bases de la République des Egaux.* art. 10.

« Que la variation infinie de désirs, de senti-
« ments et d'inclinations se réunisse en une seule
« volonté : qu'elle ne meuve les hommes que vers
« un unique but : le bonheur commun. »

MORELLY (1).

« Le plaisir sans égal, serait de fonder la félicité
« publique... Je ne sais si je me trompe dans mes
« vœux : mais je pense que la chimie pourra trou-
« ver un jour de tous les corps un principe nutri-
« tif. et alors. il sera aussi facile à l'homme de se
« nourrir que de se désaltérer à l'eau d'un fleuve ;
« que deviendront alors les combats de l'orgueil,
« de l'ambition. de l'avarice, toutes les cruelles
« institutions des grands empires ? Un aliment fa-
« cile. abondant. à la disposition de l'homme. sera
« le gage de sa tranquillité et de sa vertu.»

MERCIER (2).

« Si la première voix de la nature, c'est de dé-
« sirer notre propre bonheur. les voix réunies de
« la prudence et de la bienveillance se font enten-
« dre et nous disent : cherchez votre bonheur dans
« le bonheur d'autrui. Si chaque homme, agissant
« avec connaissance de cause dans son intérêt in-
« dividuel. obtenait la plus grande somme de bon-
« heur possible, alors l'humanité arriverait à la
« suprême félicité et le but de toute morale, le *bon-*
« *heur universel.* serait atteint. » BENTHAM.

---

1) *La Basiliade.*

(2) *Le tableau de Paris.*

« Le principe général, auquel toutes les règles
« de la pratique devraient être conformes, n'est
« autre que le bonheur du genre humain et de
« tous les êtres sensibles. »   J. S.-MILL.

« La société doit être organisée de telle sorte (et
« ce n'est pas souvent le cas aujourd'hui, malheu-
« reusement) que le bonheur des uns ne prenne
« pas sa source dans la ruine des autres, mais
« que chaque individu trouve son bien dans celui
« de la collectivité, le bien de la collectivité résul-
« tant uniquement, *vice versa*, de l'individu. »

                                    L. BÜCHNER (1).

« Le problème du bonheur universel, par l'effet
« de la solidarité toujours plus grande, est dominé
« plus que jamais aujourd'hui par le problème du
« bonheur social. Ce ne sont plus seulement nos
« douleurs présentes et personnelles, mais celles
« de l'humanité à venir qui deviennent pour nous
« un sujet de troubles. »   MARC GUYAU (2).

« Le pur idéal, ce serait que la totalité univer-
« selle des êtres devint une société consciente,
« unie, heureuse. »   ALFRED FOUILLÉE (3).

« Le plus grand bonheur du plus grand nombre
« par la science, la justice, la bonté, le perfection-

---

(1) *Force et Matière*, page 514.
(2) *Irréligion de l'avenir*, page 411.
(3) *Critique des Systèmes de morale contemporaine*.

« nement moral, on ne saurait trouver plus vaste
« et plus humain motif éthique. »

Benoit Malon (1).

Pardon, mon cher Malon, il y a un motif éthique
plus puissant et plus humain que le bonheur du
plus grand nombre ou de presque tous, c'est le
bonheur de tous absolument. N'est-ce pas vrai ?

Ici se pose un formidable point d'interrogation.
Qu'est-ce que le bonheur ? En quoi consiste-t-il ?
De quels éléments est-il fait ? Quelle en est la
base ? Où en est la mesure ?

Car si tous les sociologues reconnaissent que le
but à atteindre, c'est le bonheur universel, bien
peu sont d'accord sur la façon de comprendre cette
expression. C'est cependant de ce concept que dé-
pendent forcément et l'aboutissement des efforts à
faire, c'est-à-dire l'objectif véritable et la direction
à donner à ces efforts, c'est-à-dire la tactique à
suivre.

Aussi, persuadé de l'importance décisive de ce
point, je vais y insister.

Tous ceux qui ont observé avec persévérance
cet être qu'est l'homme, être éminemment complexe et capricieux, ont acquis la conviction abso-
lue que le mobile unique de toutes ses actions, des
moindres comme des plus importantes, c'est la recherche du plaisir ou la fuite de la souffrance,
c'est, entre deux plaisirs, la recherche du plus
grand ; entre deux souffrances, la fuite de la plus
vive.

Cette constatation serait on ne peut plus facile à

----

(1) *Socialisme intégral*, tome Ier, page 245.

faire s'il n'existait forcément dans la manière d'ê-
tre de l'individu social une série d'actions qui, à
première vue, semblent contredire ce fait : services rendus, actes de générosité, de dévouement,
de sacrifice, allant parfois jusqu'au sacrifice le
plus grand et le seul définitif : celui de la vie.

De là, la querelle, querelle de mots le plus souvent, entre « Egoïstes » et « Altruistes ».

Dans cette dernière catégorie d'actes, le sentiment du « moi », l'égoïsme au sens vulgaire du
mot, est peut-être bien un peu difficile à déchif-
frer : mais. en fin de compte, on y arrive pour peu
qu'on veuille se souvenir que l'*ego* a des besoins
intellectuels et moraux, non moins que des besoins physiques.

Je néglige une foule d'actions de minime importance : prévenances, démarches, petits services
que nécessite la vie en société et qui, bien loin de
la rendre désagréable, contribuent à l'embellir, et
par leur caractère de réciprocité, forment un des
côtés les plus séduisants de l'existence.

Qui n'a goûté le charme de ces mille riens, que
l'habitude rend quasi spontanés, riens insigni-
fiants s'ils sont pris isolément, et qui, additionnés
les uns aux autres, forment comme le tissu de la
vie sociale et, sur le fond trop souvent sombre
de cette vie. jettent la note claire et gaie ?

Il est vrai que, parallèlement à ces « petites
choses », se déroulent des faits plus notables, et
dans lesquels il semble difficile de surprendre le
souci du « moi ». Ici, le problème se complique.

Je vais pourtant essayer de montrer que si,
dans cette série d'actions, le sentiment personnel
s'efface en apparence, il s'affirme en réalité.

Les lauriers de MM Barrès et Bourget ne trou-

blent point mon sommeil ; aussi ne *psychologue-
rai-je* pas à perte de vue. Il me suffira de faire re-
marquer :

Qu'en pareille matière, nous réussissons bien rarement à discerner le « pourquoi » véritable de
nos propres actions, et plus rarement encore à
glisser un œil sûr dans le sanctuaire voisin ; ce
qui explique la difficulté de résoudre le point dont
il s'agit ;

Que ce qui vient ajouter à cette première difficulté, c'est que nous avons peine, en vertu d'une
petite vanité, après tout bien humaine, à ne pas
nous donner le change à nos propres yeux, sur les
véritables mobiles d'un acte de ce genre :

Que, néanmoins, rationnellement, le philosophe
ne saurait admettre que l'individu, surtout quand
il s'agit d'une action destinée à laisser une page
dans sa vie, puisse s'oublier complètement ;

Qu'à l'individu vivant au sein de l'agglomération
humaine, il est absolument impossible, et cela chaque jour davantage, d'échapper aux idées et aux
sentiments que lui inspire le contact permanent de
ses semblables ; que l'être humain est un composé
de besoins, d'appétits, de tendances extraordinai-
rement divers et parfois même opposés, en sorte
qu'il est emporté dans tel sens ou dans tel autre,
suivant qu'il est, dans le moment, dominé par les
uns ou par les autres ;

Que les besoins affectifs qui forment tout le cou-
rant sentimental proprement dit, depuis l'origi-
nelle tendance à la socialibilité qui en est la
source, jusqu'à l'altruisme le plus élevé qui en est
l'embouchure, sont, chez certaines natures plus
nerveuses, plus délicates, plus affinées, beaucoup
plus impérieux que les autres et que, conséquem-

ment, celui qui en ressent l'aiguillon a autant de
joie à les satisfaire, même au péril de ses jours,
que de peine il aurait à les contenir ;

Que l'humanité ou le « moi général » n'est qu'une
sorte de prolongement de chaque « moi particu-
lier » et que si chacun peut, en ce qui le concerne,
se considérer à juste titre comme le centre de l'u-
nivers, ce mot individuel ne peut pas plus s'abs-
traire du moi collectif que le centre de la circon-
férence ;

Que, par conséquent, quiconque sert autrui se
sert soi-même, quiconque rend service à autrui se
rend service à soi-même ;

Qu'il se passe dans le monde moral un fait ana-
logue à celui que les biologues signalent dans le
monde physique : les corps organisés ne cessent
de prendre et de restituer au tout *ambiant* : *c'est
l'assimilation et la désassimilation*. L'intelligence
et le cœur — et j'entends par là les facultés intellectuelles et affectives — ne procèdent pas différemment : c'est un échange perpétuel entre l'individu et le grand tout : l'humanité ;

Qu'enfin la vie, la vraie vie, comporte une certaine part de fécondité pour être véritablement
heureuse ; que cette fécondité n'est autre chose
qu'une exubérance nous poussant irrésistiblement
à nous répandre, à nous dépenser, à nous donner
même, en totalité ou en partie, à quelqu'un ou à
quelque chose. C'est le trop-plein qu'il faut déver-
ser ; c'est la sève généreuse et abondante qui
monte en nous, en certaines circonstances parti-
culièrement favorables, pour fleurir en sentiments
élevés et mûrir en sublimes actions.

Voilà ce « *je ne sais quoi* » autour duquel ont
longtemps tourné sans le découvrir — parce que

les éléments d'investigation leur manquaient —
tous les grands esprits qui, au cours des âges, depuis les civilisations fort anciennes jusqu'aux siè-
cles récents, ont recherché cette pierre philoso-
phale des moralistes : l'union de l'égoïsme et de
l'altruisme.

Ils n'ont pas compris, ils ne pouvaient pas comprendre que les sentiments égoïstes et altruistes
se combinent harmoniquement dans la même in-
dividualité arrivée à un certain degré de développement ; que, dès lors, il n'y a pas lieu de les op-
poser les uns aux autres : qu'ils constituent sim-
plement deux séries de phénomènes se rattachant
à des organes différents.

C'est un point que n'a pas manqué d'éclaircir,
dans une œuvre justement remarquée (1), un jeune
philosophe de large envergure, Marc Guyau :

« Il faut que la vie individuelle se répande pour
« autrui et au besoin se donne. Eh bien ! cette
« expansion n'est pas contre sa nature ; elle est,
« au contraire, selon sa nature : bien plus, elle
« est la condition même de la vraie vie. »

De ce qui précède, il appert qu'égoïsme et altruisme représentent deux choses qui, bien loin de
s'exclure, se concilient sans effort ; que l'altruisme
n'est en réalité que de l'égoïsme bien compris, et,
quoique dans l'état actuel de la société il semble
difficile de les harmoniser je ne suis pas du tout
éloigné de penser, avec Bernardin de Saint-Pierre,
qu' « on ne fait son bonheur qu'en s'occupant de
« celui des autres », et avec M. H. Spencer,
qu' « un jour viendra où l'instinct altruiste sera
« si puissant, que les hommes se disputeront l'oc-

----

(1) *Esquisse d'une morale sans obligation ni sanction*, p. 246.

« casion de l'exercer, les occasions de sacrifice et
« de mort. »

Il appert en outre que tous ceux qui placent le
bonheur dans les *seules* satisfactions égoïstes,
aussi bien que ceux qui le placent dans les *seuls*
contentements altruistes, se trompent ou sont in-
complets parce qu'ils n'aperçoivent dans l'individu
qu'une partie de lui-même, soit que, croyant mieux
l'étudier, ils commettent la faute de le séparer du
milieu social et de l'isoler, soit qu'ils n'envisagent
qu'une partie de la machine humaine, celle qui
boit, mange, dort, travaille et procrée, négligeant
celle qui pense et qui aime.

Celle-ci a ses besoins comme celle-là : d'une façon générale, les premiers ne sont ni plus ni moins
impérieux que les derniers : plus forts chez les
uns, ils sont plus faibles chez les autres. Seul, l'individu qui les ressent en connaît l'étendue, en mesure la robustesse, sait à quel moment et dans
quel ordre ils se présentent, et peut ainsi calculer
la somme de bonheur à laquelle correspond leur
satisfaction.

C'est donc à l'individu qu'il faut revenir pour es-
timer le bonheur, à lui qu'il faut laisser le soin
de chercher et de trouver le sien propre. La mesure et la base de ce dernier se trouvent en lui.
Tout autre *substratum* serait erroné, toute autre
mesure arbitraire.

Je puis donc, maintenant, définir le bonheur par
ces mots :

« *C'est, pour chaque individu, la faculté de satis-*
« *faire librement tous ses besoins : physiques, in-*
« *tellectuels, moraux.* »

Plus cette faculté s'étendra, plus diminueront le
nombre et la puissance des obstacles *naturels et*

artificiels qui entravent son libre exercice, et plus la somme de bonheur réalisé s'accroîtra.

Mais, entendez-moi bien : pour chaque individu, la *faculté*, c'est-à-dire tout ensemble, non pas seulement le droit — ce qui pourrait être tout platonique et qui existe déjà — mais la *possibilité* de satisfaire tous ses besoins et la certitude que cette possibilité ne lui sera jamais ravie par une contrainte.

Car c'est une souffrance pour l'être humain, non seulement d'éprouver un besoin et de n'avoir pas les moyens de l'assouvir, mais encore de prévoir qu'en un jour plus ou moins rapproché une force extérieure pourra le priver de ces moyens. La sécurité du contraire donne à l'esprit cette tranquille sérénité qui, à elle seule, constitue déjà un bonheur très appréciable.

Il importe de tourner nettement le dos à ceux qui nous présentent un plan social qui confierait à quelques-uns, fussent-ils les meilleurs — et qui donc les garantirait tels ? — la mission d'assurer le bonheur de chacun.

Ce bonheur prévu, uniforme, réglementé, mesuré, ce serait tout de suite la contrainte pour tous et promptement l'ennui pour le plus grand nombre.

« Chacun prend son plaisir où il le trouve, » dit un vieux dicton populaire. Cet « on-dit » est parfaitement juste, et comme les goûts, les sentiments, les besoins forment un tout d'une variété quasi-infinie, non seulement en ce qui concerne la multitude des êtres, mais encore en ce qui touche le même individu, doué d'une extrême mobilité, comme la nature est essentiellement spontanée et capricieuse, le seul moyen qui soit de garantir à chacun toute la somme de bonheur réalisable, c'est

de ne tolérer aucune institution sociale à même de
mutiler chez qui que ce soit, cette adorable fantai-
sie des aspirations et cette merveilleuse diversité
des goûts.

N'obligez personne à boire à la même coupe que
vous ; vos lèvres y puisent un délicieux nectar ;
les lèvres d'un autre pourraient y trouver du fiel.

Que chacun puisse en toute indépendance plon-
ger ses mains avides dans le colossal trésor de
jouissances que nous ont légué les générations
passées. Les présentes et les futures sont et seront outillées de manière à l'alimenter et à le gros-
sir toujours. Il y en a, il y en aura pour tous, pour
les grandes mains comme pour les petites ; mais
de grâce, si vous voulez voir tous les visages s'é-
panouir dans la radieuse joie de vivre, si vous ne
voulez plus entendre les humains pousser des cris
de haine, proférer des menaces, si vous ne voulez
plus les voir batailler férocement, entre-eux, n'en-
tourez cet inépuisable trésor d'aucun mur prohi-
bitif, pas même de la plus frêle barrière, laissez-en
le libre accès à tous, pour que chacun y puisse
trouver *toute la somme de bonheur* que sollicitent
ses désirs.

Une seule barrière est là, limitant les satisfactions. C'est celle qui sépare les biens acquis de
ceux à conquérir, les jouissances *vivables* par les
générations actuelles de celles que pourront goûter
nos descendants. Mais cette barrière n'est pas
pour contenir ou réfréner les appétits ; elle est au
contraire pour les exciter, elle n'est pas de ce côté-
ci, par-devant nos richesses, mais derrière. Sous
le coup d'aile puissant du désir insatiable, qui
nous élève toujours plus loin, elle s'éloigne et s'a-

baisse insensiblement, laissant découvrir à nos
regards, chaque jour, de nouvelles sources de plaisir et des perspectives de plus en plus éblouis-
santes.

Cette limite. c'est celle qui marque le point auquel, dans leur cause vertigineuse, en sont arri-
vées les irrésistibles phalanges humaines en marche vers les régions toujours plus vastes et plus
fécondes de la félicité.

Voilà la justification de ces dernières paroles :
« *adéquates à toute époque. au développement pro-*
« *gressif de l'humanité.* »

Il est dans la nature des individus et des sociétés, sortis depuis des milliers d'années des orga-
nismes les plus rudimentaires, de s'acheminer vers
des formes de plus en plus perfectionnées. Longtemps, bien longtemps enténébrés, hommes et
choses se dessinent sur un fond dont les teintes
passent insensiblement du sombre au clair, de
l'obscur au lumineux.

L'obscurité. c'est le passé, l'ignorance, le mal-
heur ; la lumière. c'est l'avenir, le savoir, le bonheur. On ne retourne pas au passé ; on va, irré-
sistible, vers l'avenir.

Fou serait celui qui voudrait prévoir ou assigner
une borne à ce « demain » aux espaces incommen-
surables.

L'âge d'or n'est pas derrière nous ; il est devant :
radieux et accessible !

III. — Conséquences à tirer de ce qui précède

**Ainsi : Instaurer un milieu social qui assure à
chaque individu toute la somme de bonheur adéquate, à toute époque, au développement progressif de l'humanité.**

Tel est le but que doit poursuivre sans relâche quiconque est bien résolu à étudier le problème social, sans se laisser arrêter par des conceptions « à prioriques » ni enfermer dans un « credo » d'école.

Je crois devoir en tirer sur le champ les conclusions suivantes, qui ne pourront manquer de frapper le lecteur :

1° Laissons à leurs travaux, souvent très sincères, mais le plus fréquemment inutiles à ce qui nous occupe, ceux qui donnent pour but à leurs efforts le triomphe de la Justice sociale : l'éclosion d'une République du travail ou des travailleurs ; l'établissement de l'égalité sociale ; le règne de la fraternité humaine.

Verba ! Verba ! Verba ! Mots que tout cela ! mots d'autant plus dangereux qu'ils représentent des choses plus désirables, mais prêtent à mille interprétations contradictoires.

O incontestable magie du Verbe ! A quels admirables élans, Justice, tu as donné naissance ! De quelles sublimes actions tu as été le levier, Egalité ! Que de héros, République, ont versé pour toi leur sang généreux ! Fraternité ! Fraternité ! que de grandioses choses tes fidèles ont faites !

Mais aussi, Fraternité, que de coquins se sont réclamés de toi, que d'exploitations tu favorises ! Ils sont « millions » ceux qu'on a mitraillés et ceux qu'on affame en ton nom, République ! Quelles iniquités ont été sanctionnées par toi, Egalité, et par toi, consacrées ! Justice, Justice, que de crimes on a commis et on perpètre sous ton égide !

Eh oui ! la Justice, La République, l'Egalité, la Fraternité deviendront chez les peuples futurs autant de réalités ; mais ce sera comme par surcroît,

par voie de conséquence, et pour ainsi dire sans
qu'on les ait cherchées. Le bonheur, le bonheur de
tous et de chacun les fera naître sans effort ; tel
le rosier se couvre de roses.

2° L'homme portant nécessairement en soi l'instinct de la conservation et la tendance au bonheur,
la question sociale n'est pas, comme le croient
nombre de personnes, née d'hier. Elle a, comme
toutes choses, traversé une série de stades qui
sans cesse l'ont modifiée ; mais elle est née avec
la première forme de société et ne disparaîtra
qu'avec la dernière.

3° L'humanité se développant d'une façon con-
tinue. la question sociale suit fatalement une ligne
parallèle et indéfinie. C'est dire qu'elle a connu et
connaîtra des phases multiples ; qu'elle est douée
de l'élasticité des formes sociales auxquelles elle
s'adapte : mais qu'en réalité elle sera toujours pen-
dante et que l'expression : *solution de la question
sociale* ne peut avoir qu'une valeur essentiellement
contingente à l'époque.

4° Logiquement. en sociologie, toute *systémati-
sation*. si parfaite qu'elle paraisse, est le résultat
d'une méthode fausse et, à ce titre, doit être impi-
toyablement répudiée, parce que TOUTE systémati-
sation sociale comporte, de toute nécessité, un certain nombre d'institutions concordantes qui, ayant
pour mission de prévoir. de réglementer, de mesu-
rer, de répartir, de prohiber, d'ordonner, d'unifor-
miser, bref, de comprimer peu ou prou les individus. ne sauraient avoir la souplesse désirable ;
parce que ces règlements, défenses et prescriptions,
constituent fatalement un empiètement sur le bonheur individuel ; parce qu'enfin, bien loin de favoriser le développement des initiatives personnelles

et leur marche parallèle au développement des sciences et des arts, elles sont un obstacle aussi bien à cette initiative qu'au développement scientifique et artistique.

Et maintenant, ami lecteur, que ce premier chapitre soit le flambeau qui, placé dans ta main, éclaire ta marche jusqu'au bout de ce livre.

Rappelle-toi bien ces quatre lignes dont les pages qui vont suivre ne seront que la paraphrase aussi simple et aussi lumineuse que me la permettront mes modestes forces :

« *Instaurer un milieu social qui assure à chaque*
« *individu toute la somme de bonheur adéquate à*
« *toute époque, au développement progressif de*
« *l'humanité.* »

« TOUTE LA QUESTION EST LA, PAS AILLEURS ! »

SÉBASTIEN FAURE.

Nos lecteurs, désireux de terminer la lecture de cet intéressant livre, **la Douleur Universelle**, dont *la Question sociale* n'est pour ainsi dire que la préface, le recevront immédiatement franco contre un mandat-carte de 2 fr. 90 adressé à la Colonie d'Aiglemont (Ardennes).

Imprimerie spéciale de la Colonie d'Aiglemont.

BIBLIOTHÈQUE
NATIONALE

CHÂTEAU
de
SABLÉ

1984